ALTERNATOR BOOKS™ EN ESPAÑOL

LA VERDADERA CIENCIA DE LA VISIÓN CON RAYOS X Y CON LÁSER

Corey Anderson

ediciones Lerner ◆ Mineápolis

ediciones Lerner
Una división de Lerner Publishing Group, Inc.
241 First Avenue North
Mineápolis, MN 55401, EE. UU.

Si desea averiguar acerca de niveles de lectura y para obtener más información, favor consultar este título en www.lernerbooks.com.

Fuente del texto del cuerpo principal: Aptifer Sans LT Pro.
Fuente proporcionada por Linotype AG.

Library of Congress Cataloging-in-Publication Data

Names: Anderson, Corey, author.
Title: La verdadera ciencia de la visión con rayos x y con láser / Corey Anderson.
Other titles: Real science of X-ray and laser vision. Spanish
Description: Minneapolis, MN : ediciones Lerner, una división de Lerner Publishing Group, Inc., [2024] | Series: La verdadera ciencia de los superpoderes. Alternator books en Español | Translation of: Real science of X-ray and laser vision. | Includes bibliographical references and index. | Audience: Ages 8-12 | Audience: Grades 4-6 | Summary: "X-ray and laser vision are handy powers, for superhero and scientist alike. See how scientists use X-rays and lasers to do amazing things, and explore what the future holds for human vision. Now in Spanish!"—Provided by publisher.
Identifiers: LCCN 2023000377 (print) | LCCN 2023000378 (ebook) | ISBN 9781728491844 (lib. bdg.) | ISBN 9798765607732 (pbk.) | ISBN 9781728494869 (eb pdf)
Subjects: LCSH: Medical radiology—Juvenile literature. | LASIK (Eye surgery)—Juvenile literature. | Vision—Juvenile literature. | Superheroes—Juvenile literature. | BISAC: JUVENILE NONFICTION / Technology / How Things Work-Are Made | JUVENILE NONFICTION / Paranormal & Supernatural
Classification: LCC R895.5 .A5318 2024 (print) | LCC R895.5 (ebook) | DDC 617.7/190598—dc23/eng/20230125

Fabricado en los Estados Unidos de América
1-53123-51133-1/3/2023

CONTENIDO

INTRODUCCIÓN
OJOS EN TODO

¡La visión con láser es un poder genial, pero peligroso!

Se te ha reclutado para una misión muy especial. Hace una hora, un gran terremoto sacudió a la ciudad. Tienes dos superpoderes especiales que ayudarán a salvar el día: visión con rayos X y con láser. Los rescatistas te dicen que hay gente atrapada debajo de un edificio derrumbado. Tienes que moverte rápido.

Miras los escombros caídos del edificio. Activas tu poder de rayos X para ver exactamente dónde se encuentran las personas. Están heridas, pero con vida y pidiendo ayuda a los gritos. Para salvarlas, activas tu visión con láser para quemar un agujero en los escombros. Los rescatistas ingresan para poner a la gente a salvo. ¡Salvaste el día!

La visión con rayos X podría ayudar a las personas a salvar vidas después de terremotos y otras catástrofes naturales.

CAPÍTULO 1

RAYOS X: ¡UN SUPERPODER!

¡Los lentes con rayos X reales no existen, todavía!

En las historietas y las películas, la visión con rayos X es la habilidad de ver a través de los objetos. Los héroes pueden nacer con este poder, o pueden tener elementos mágicos que mejoren su visión. Podrían usar este poder especial para mirar a través de las paredes y detectar criminales. Los ladrones de bancos pueden tener visores rayos X para ver exactamente qué hay dentro de la bóveda antes de irrumpir.

En realidad, las personas no tienen visión con rayos X. Los rayos X son un tipo de longitud de onda de luz poderosa y de alta energía. Usando una máquina especial de rayos X, la radiación pasa por las partes menos densas del cuerpo, como la piel y la sangre. Los huesos, que son más gruesos y más densos que la piel o la sangre, detienen la radiación y aparecen las radiografías. Los médicos pueden ver huesos rotos o cosas densas dentro del cuerpo que no corresponden allí, como objetos de metal.

DATOS SUPERRÁPIDOS

La tecnología de rayos X se desarrolló a fines del siglo XIX. Se volvió habitual en los hospitales a comienzos del siglo XX.

Los rayos X se usan para fines similares en los aeropuertos. En vez de observar el cuerpo humano, observan el equipaje. Las máquinas de rayos X de energía dual usan dos rayos X que muestran lo que encuentran en una pantalla usando distintos colores. El naranja indica que hay material orgánico presente, como alimentos o plantas. El verde muestra materiales no orgánicos más livianos, como botellas de refresco. El azul significa que hay metal o plástico pesado presente. Usando estas imágenes, la seguridad del aeropuerto puede ver si hay cosas peligrosas o ilegales como armas dentro del equipaje de alguien.

En las películas y los programas de televisión, algunos héroes no pueden ver a través de las cosas cubiertas con plomo. El plomo es muy denso, y puede absorber las ondas de rayos X. También puede protegernos de la radiación, que puede ser nociva para los seres humanos y que puede enfermarnos. Pero la radiación también puede ayudar. Los haces de rayos X pueden matar las células cancerosas.

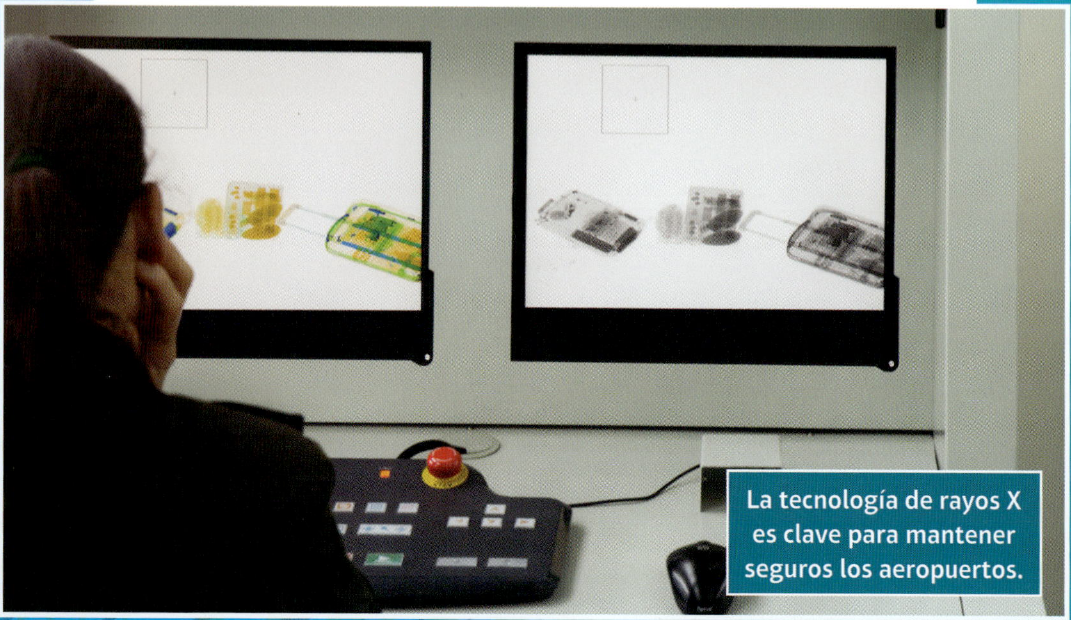

La tecnología de rayos X es clave para mantener seguros los aeropuertos.

Con ojos protuberantes a los lados de la cabeza, los camaleones pueden ver prácticamente hacia cualquier dirección.

PODER ANIMAL SORPRENDENTE

Los animales de presa tienen ojos a ambos lados de la cabeza. La posición de los ojos les da una vista panorámica que les permite ver hacia adelante, hacia atrás y a ambos costados. Esto los ayuda a detectar predadores. Los seres humanos, los felinos y otros predadores tienen los ojos apuntando hacia la misma dirección. Esta posición de los ojos brinda un efecto similar al de la visión con rayos X. Los predadores pueden ver a través de pequeños objetos en primer plano y enfocarse en cosas en el fondo. Esto los ayuda a ver a la presa con más claridad en entornos abarrotados como bosques.

CAPÍTULO 2

VISIÓN CON LÁSER DE VANGUARDIA

Los héroes de ficción que tienen visión láser deben tener cuidado al usar su superpoder.

La visión con láser es otro superpoder en las películas, las historietas y los programas de televisión. Permite a los héroes disparar láseres desde los ojos para destruir paredes, objetos peligrosos que se caen o prácticamente cualquier cosa. Suena como que es una habilidad bastante genial. Pero puede ser peligrosa. ¿Qué sucedería si el poder no pudiera controlarse?

A veces, los héroes necesitan equipos especiales para controlar la visión con láser. Por ejemplo, pueden tener un visor que bloquee su poder para que no salga disparado. El visor le da al héroe la habilidad de usar la visión con láser solo cuando este elija usarla.

Los láseres están hechos de fotones. Los fotones no tienen masa, así que los láseres no se calientan. En cambio, el haz del láser corta un objeto al transferirle energía. El material absorbe la energía y se calienta, vaporizando el material en donde se aplica el láser.

Los láseres pueden ser lo suficientemente poderosos como para cortar diamantes, así que cortar la piel humana es fácil. Hay una razón por la cual los láseres son tan peligrosos. También se pueden usar con precisión extrema sin causar daño a las áreas circundantes.

Los láseres son tan poderosos que pueden cortar de manera prolija materiales duros.

En las películas de acción, los espías a menudo trepan por complicadas matrices láser para evitar activar alarmas. Pero los láseres también pueden ser usados por personas comunes para aplicaciones cotidianas. Pueden marcar objetivos que están a gran distancia o hacer que objetivos distantes estén más visibles.

En las películas, los láseres a menudo son usados como indicadores visuales de que un sistema de seguridad está protegiendo algo importante.

Los médicos usan láseres para hacer que las cosas sean visibles de una manera diferente. La cirugía LASIK usa rayos ultravioletas para mejorar la visión de una persona. Los médicos usan un láser para levantar una pequeña capa en la córnea, que es la superficie del ojo. Después, levantan la capa. Otro láser quita tejidos muy pequeños del ojo que están causando los problemas de visión. La capa vuelve a colocarse en su lugar y la cirugía termina. Suena aterrador, pero es una cirugía habitual que ayuda a muchas personas a ver mejor.

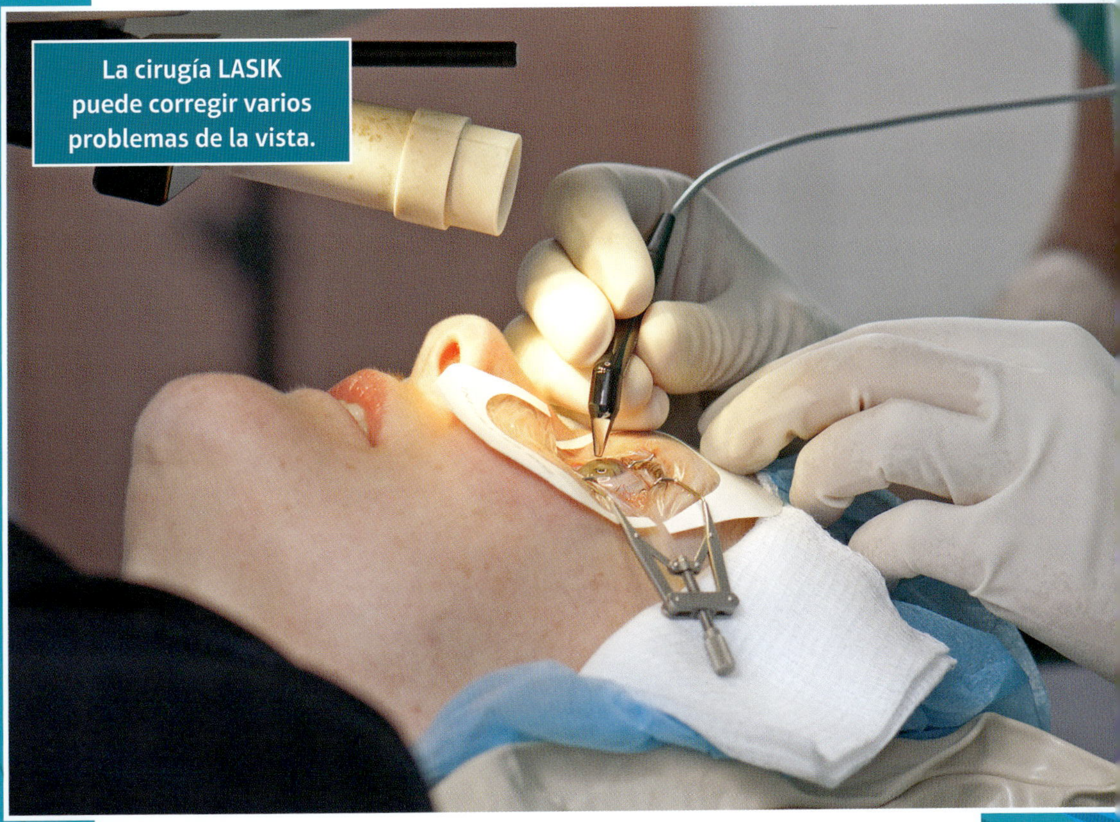

La cirugía LASIK puede corregir varios problemas de la vista.

Los láseres portátiles se usan en las aulas para señalar información importante o en el hogar para entretener al gato de la familia. Pero incluso los láseres que parecen prácticamente inofensivos como estos tienen ciertos riesgos. Usados de la manera incorrecta, los láseres pueden dañar la vista al calentar la parte del ojo que nos ayuda a ver el color.

Los láseres portátiles son seguros siempre que se usen correctamente.

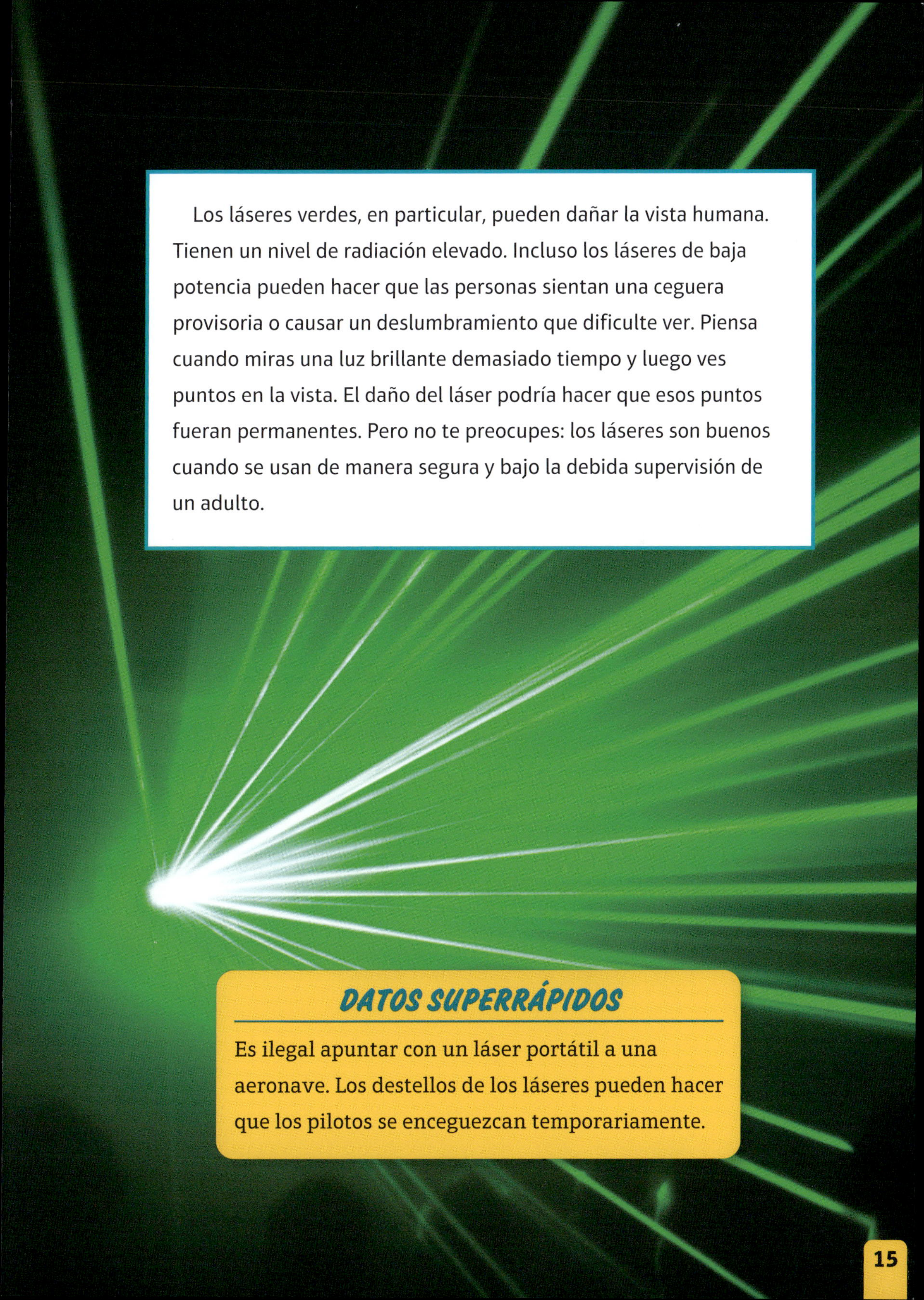

Los láseres verdes, en particular, pueden dañar la vista humana. Tienen un nivel de radiación elevado. Incluso los láseres de baja potencia pueden hacer que las personas sientan una ceguera provisoria o causar un deslumbramiento que dificulte ver. Piensa cuando miras una luz brillante demasiado tiempo y luego ves puntos en la vista. El daño del láser podría hacer que esos puntos fueran permanentes. Pero no te preocupes: los láseres son buenos cuando se usan de manera segura y bajo la debida supervisión de un adulto.

DATOS SUPERRÁPIDOS

Es ilegal apuntar con un láser portátil a una aeronave. Los destellos de los láseres pueden hacer que los pilotos se encieguezcan temporariamente.

CAPÍTULO 3
VER Y EXAMINAR

Las obras de arte valiosas pueden analizarse con rayos X para asegurarse de que sean auténticas.

Las tecnologías de rayos X y láser pueden ayudar a los artistas. A veces, las personas tratan de vender obras de arte falsas. Copian a un pintor famoso y pretenden que es la obra original. Las imitaciones son tan buenas que incluso engañan a los expertos. La tecnología de rayos X también puede ayudar a los vendedores de arte ver si una nueva obra se ha pintado sobre otra pintura más antigua y menos costosa.

Con el tiempo, las pinturas antiguas tienen que limpiarse. Eso debe hacer con cuidado. Los químicos de limpieza pueden dañar la pintura o el marco. Pero los láseres de poca energía pueden ayudar a limpiar las pinturas de manera segura. Los restauradores de arte usan láseres en ráfagas breves y controladas para quitar impurezas.

Los técnicos estudian los rayos X de los vehículos para buscar problemas potenciales.

DATOS SUPERRÁPIDOS

Los ingenieros usan los rayos X para ver a través de las alas de los aviones y de los oleoductos y gasoductos. Revisan para asegurarse de que no haya grietas.

Los arqueólogos intentan estudiar momias sin dañarlas, y los rayos X y los láseres pueden ayudar. Los rayos X pueden escanear los dientes y los huesos de la momia para determinar la edad que tenía la persona al morir. Los láseres toman muestras muy pequeñas y delgadas de la momia. Las muestras se prueban para distintos tipos de elementos que les dicen a los científicos cómo era la vida en el pasado.

Equipos especiales de rayos X ayudan a los investigadores a estudiar momias y otros objetos frágiles.

Las máquinas que son unas mil veces más poderosas que las máquinas de rayos X en los hospitales pueden ver los fósiles de dinosaurios en gran detalle. Los paleontólogos usan láseres para detectar las diferencias en el tejido animal fosilizado. Los láseres dan a los científicos una mejor idea de la forma del cuerpo del dinosaurio y sus patrones de colores. ¡Los láseres incluso pueden decirles si el animal tenía plumas!

Un paleontólogo examina huesos fosilizados.

Gran parte de la comida que ingerimos está hecha o empacada en fábricas. A veces, objetos extraños, como trozos de metal o plástico, terminan en la comida. Los rayos X analizan las líneas de ensamblaje en las fábricas para verificar objetos extraños. La comida escaneada con rayos X es apta para el consumo. La cantidad de radiación que las personas reciben de la comida que ha pasado por una máquina de rayos X es muy pequeña.

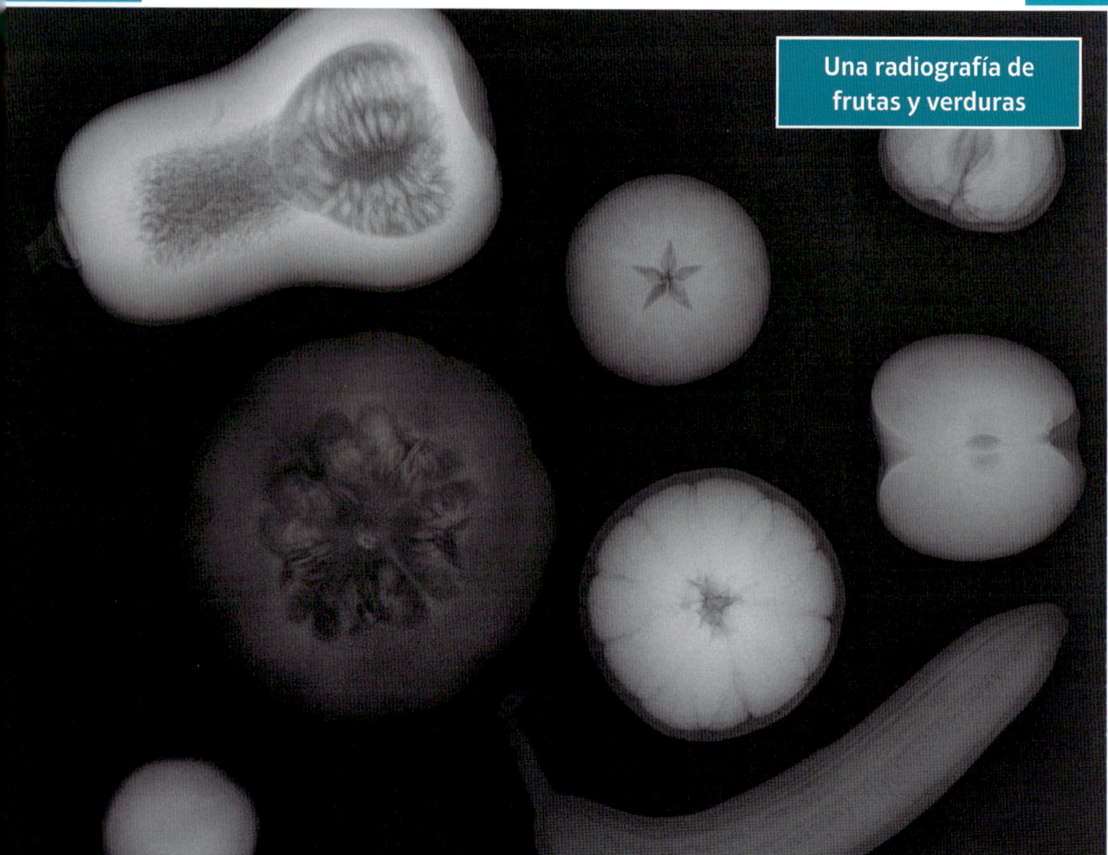

Una radiografía de frutas y verduras

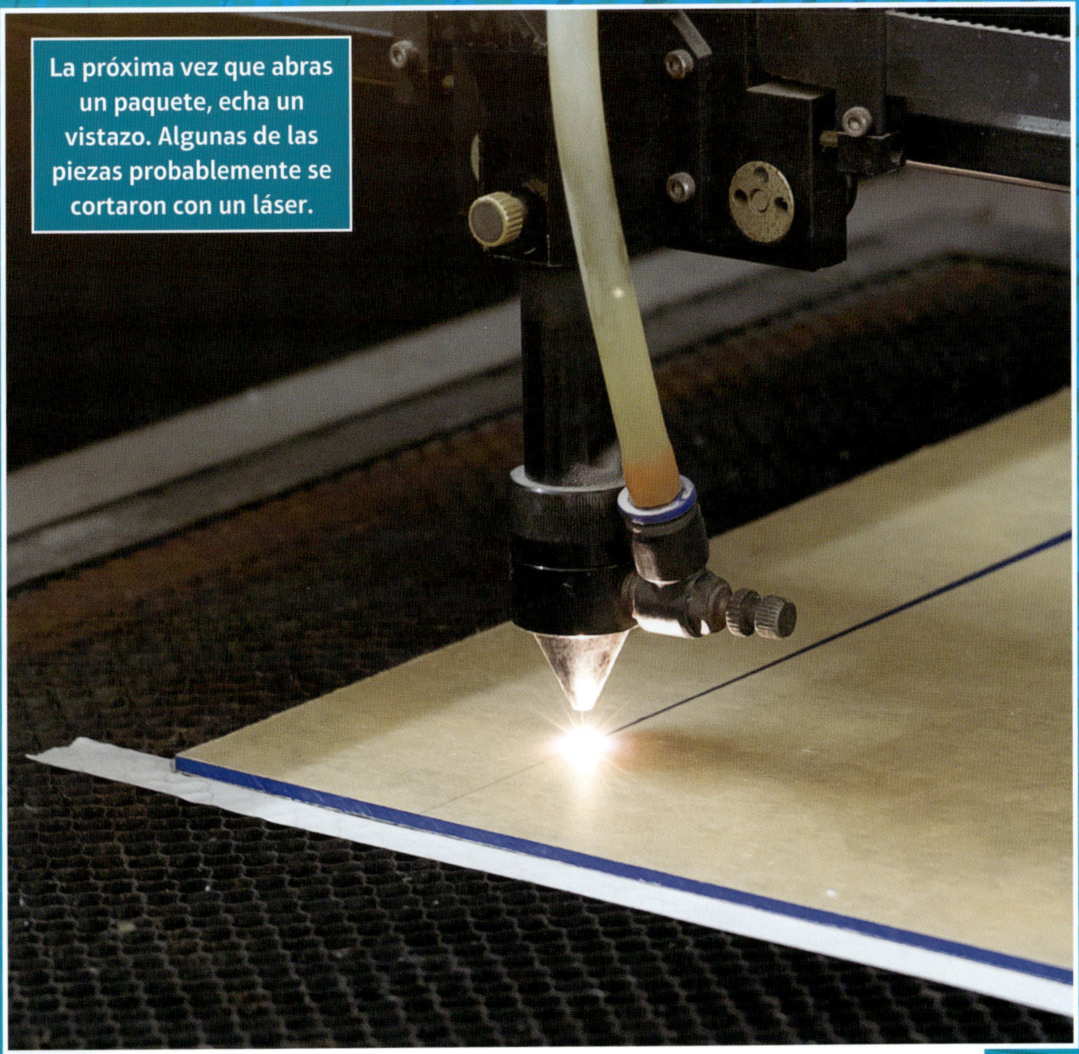

Los láseres se usan en la manufactura de alimentos también. Las herramientas de corte con láser pueden hacer cortes rápidos, limpios y precisos para alimentos como fideos y carne. Los láseres no se ensucian ni tienen que limpiarse como los cuchillos. Y pueden cortar cosas de distintos tamaños. Los láseres también ayudan a hacer paquetes de alimentos complejos y diseños para hacer que los productos sean más atractivos para los clientes.

CAPÍTULO 4

RAYOS X Y LÁSERES DEL FUTURO

¿Podrías usar lentes de contacto que tengan láseres dentro?

La visión con láser puede ser ficción, pero los lentes de contacto con láser podrían ser parte del futuro. Los científicos están desarrollando una manera para agregar un láser muy delgado a los lentes de contacto, como un adhesivo microscópico. Estaría impulsado por la luz. Cuando se activara, el láser ayudaría a identificar al usuario en puntos de control de seguridad.

Los rayos X también están evolucionando. Una máquina de rayos X moderna envía información a un detector que devuelve la información en una imagen bidimensional. Pero nuestro mundo es tridimensional. En el futuro, tal vez podamos crear rayos X tridimensionales que permitan a los médicos examinar partes del cuerpo desde distintos ángulos. La máquina podría escanear una lesión como un brazo roto desde distintos ángulos, dando a los médicos una imagen más clara de la fractura. Los rayos X ayudarían a los médicos a tratar lesiones de manera más eficaz y a diagnosticarlas de manera más precisa.

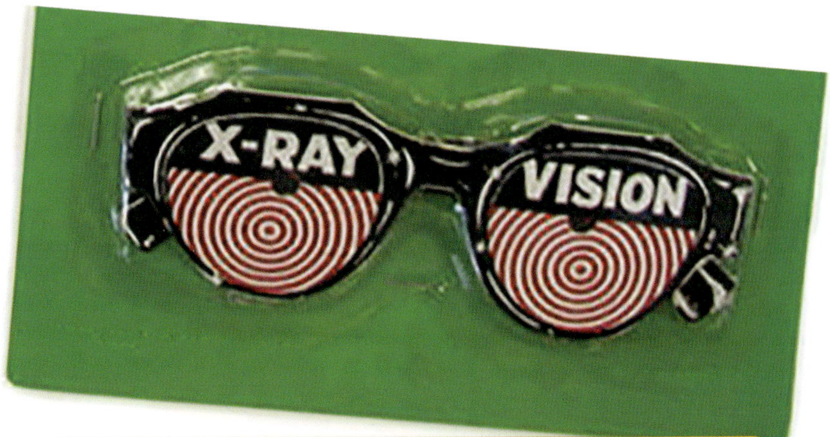

DATOS SUPERRÁPIDOS

En 1909 se vendieron por primera vez anteojos con rayos X. Pero las personas en realidad no podían ver a través de las cosas con ellos. Eran solo por diversión.

Lleva mucho tiempo analizar con rayos X cada caja en un camión grande.

Ver con rayos X un área grande como dentro de un semirremolque es costoso y requiere de mucho tiempo. Se debe descargar todo el camión y se debe analizar con rayos X cada elemento en pequeños lotes. Los científicos están haciendo máquinas de rayos X lo suficientemente grandes como para escanear todo un remolque descargado de una vez. Algún día, estas máquinas podrán ser habituales.

Las máquinas de rayos X también son lo suficientemente pequeñas como para ser portátiles. A veces, los técnicos llevan máquinas de rayos X pequeñas a las casas de los pacientes cuando los pacientes no pueden ir hasta el hospital. Las máquinas de rayos X portátiles también pueden ayudar a pacientes gravemente heridos que no pueden ser transportados a otra sala en un hospital.

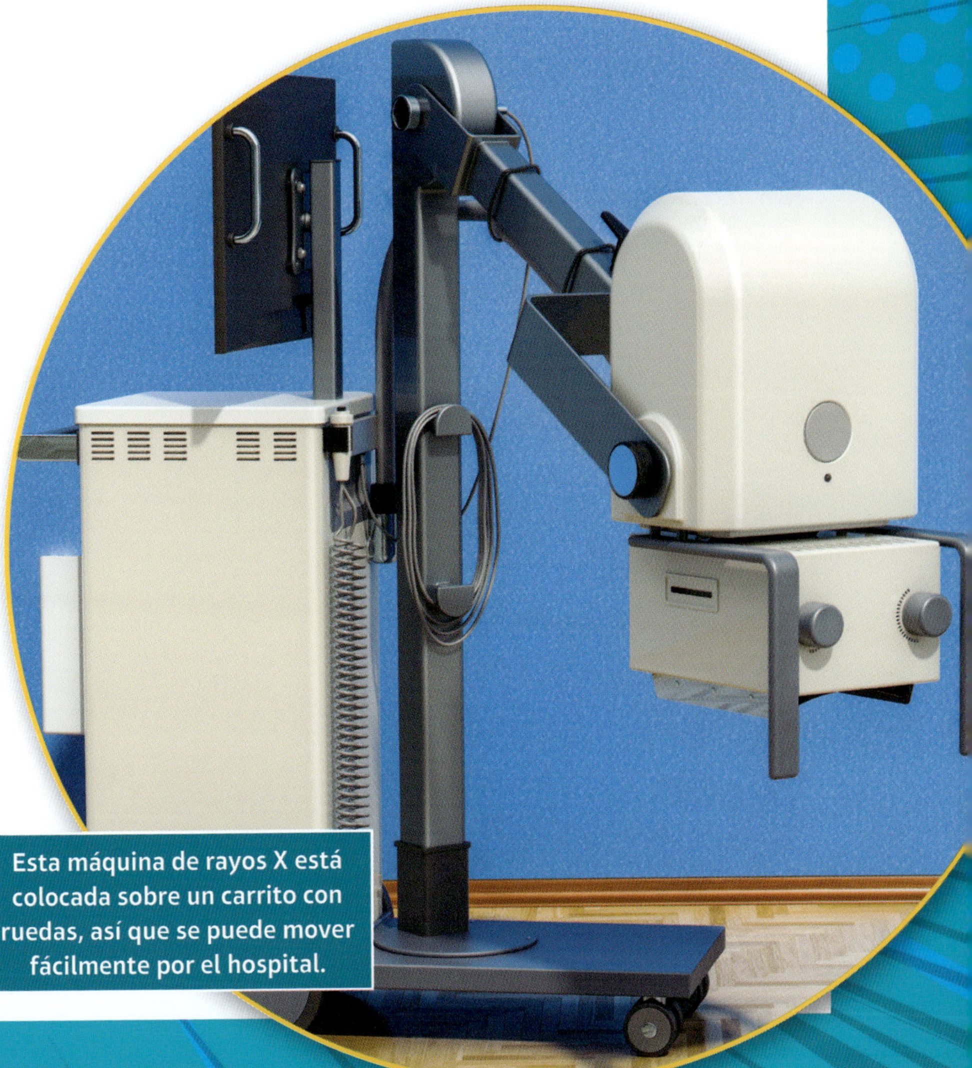

Esta máquina de rayos X está colocada sobre un carrito con ruedas, así que se puede mover fácilmente por el hospital.

Los láseres son útiles en la Tierra. ¡Pero podrían ser útiles en el espacio también! Los futuros astronautas en el espacio pueden usar tecnología láser para comunicarse con las personas en la Tierra.

La comunicación entre el espacio y la Tierra se basa en señales de radio. Las señales de radio se vuelven más amplias a medida que viajan. Eso significa que comunicarse con alguien en un lugar muy lejano como Marte requiere una antena parabólica gigante para recibir la señal de radio. Los láseres no difractan, o amplifican, tanto como las señales de radio. Un receptor mucho más pequeño, del tamaño de una pizza, podría funcionar como receptor para la comunicación láser. Los científicos están trabajando en esta tecnología. ¡Imagínate llamar a un amigo en Marte!

Usando láseres, podrían enviarse mensajes a satélites y después retransmitirlos a otras partes del planeta o lugares en el espacio.

AVANCE DE LA CIENCIA Y LA TECNOLOGÍA

Algunos personajes en las historias de ficción pueden ver a través de las paredes usando visión de rayos X. ¡Los soldados pueden tener este superpoder algún día también! Los científicos están trabajando en dispositivos inalámbricos que usan ondas de radio para detectar los movimientos de las personas detrás de las paredes. Los soldados podrían adjuntar los dispositivos a sus cascos. La tecnología podría ayudarlos a ver amigos y enemigos dentro de edificios antes de ingresar.

La tecnología especial puede ayudar a los automóviles a navegar a través de condiciones meteorológicas difíciles.

Los soldados no son los únicos que necesitan ver todo. Los automóviles que se conducen solos tienen que saber qué los rodea para mantener a salvo a sus pasajeros. Los investigadores en la Universidad Stanford han inventado un dispositivo que opera como la visión con rayos X. Este invento ayuda a los automóviles a permanecer atentos de los entornos en condiciones meteorológicas complicadas, como niebla o lluvia intensa. En el laboratorio de investigación, la tecnología también puede ayudar a los automóviles a detectar un objeto del otro lado de una pared de espuma.

Los rayos X y los láseres son tecnologías increíbles que nos ayudan a vivir mejor, desde salvarnos la vida en hospitales hasta mejorar la calidad en el suministro de los alimentos. ¡Quién sabe qué otras posibilidades nos esperan cuando las tecnologías de rayos X y de láseres sigan evolucionando!

¡EL SUPERHÉROE ERES TÚ!

Toma a un amigo y jueguen al limbo con linternas, haciendo como si el haz de luz fuese un láser por el que tienen que pasar agachándose. Vayan a una habitación oscura y hagan que una persona apunte el haz del láser unos pies sobre el suelo. La otra persona tiene que arrastrarse por debajo del haz del láser, como si fuera un espía en una película, sin atravesarlo. ¿Pueden hacerlo?

GLOSARIO

arqueólogo: alguien que estudia los restos de la vida humana y las actividades pasadas, como joyas y muros de piedra

fotón: un tipo de partícula elemental

LASIK: una operación quirúrgica que puede corregir problemas de la vista al quitar tejido de los ojos con un láser

línea de ensamble: un sistema mecánico usado para crear productos en la cual el trabajo pasa de un paso al siguiente

materia: algo que ocupa espacio y tiene masa

matriz: un grupo de elementos que forman una unidad completa

orgánico: de organismos vivos, relacionado con ellos o derivado de ellos

radiación: energía en la forma de ondas o partículas

receptor: un dispositivo que siente los cambios en la luz, la temperatura y la presión

ultravioleta: una forma de radiación que está presente en la luz del sol

MÁS INFORMACIÓN

Andrews, John. *Bots and Bods.* Kansas City: Andrews McMeel Publishing, 2021.

Britannica Kids: X-rays
https://kids.britannica.com/kids/article/X-rays/353941

Horstschafer, Felicitas. *X-Ray Me!: Look Inside Your Body.* New York: Greenwillow Books, an imprint of HarperCollins Publishers, 2019.

How Do X-rays See Inside You?
https://theconversation.com/curious-kids-how-do-x-rays-see-inside-you-85895

Kuromiya, Jun. *The Future of Communication.* Minneapolis: Lerner Publications, 2021.

Laser Facts for Kids
https://kids.kiddle.co/Laser

Lord, Michelle. *Patricia's Vision: The Doctor Who Saved Sight.* New York: Sterling Publishing Co., Inc., 2020.

NASA: What Is a Laser?
https://spaceplace.nasa.gov/laser/en/

ÍNDICE

Créditos por las fotografías

Créditos de las imágenes: Mikhail Azarov/Getty Images, p.4; Brasil2/Getty Images, p.5; skynesher/Getty Images, p.6; PansLaos/Getty Images, p.7; MediaProduction/ Getty Images, p.8; Reinhard Mink/Getty Images, p.9; alashi/Getty Images, p.10; Pramote Polyamate/EyeEm/Getty Images, p.11; Donald Iain Smith/Getty Images, p.12; DavidKevitch/Getty Images, p.13; Dusan Stankovic/Getty Images, p.14; mikeinlondon/Getty Images, p.15; Hamza Khan/Alamy, p.16; NICK VEASEY/ SCIENCE PHOTO LIBRARY/Getty Images, p.17; Ahmed Gomaa/Xinhua News Agenc/Newscom, p.18; Daniel LeClair / Stringer/Getty Images, p.19; Xenia Cobb/ Alamy, p.20; john_99/Getty Images, p.21; Jay_Zynism/Getty Images, p.22; DatBot/ Wikimedia, 23; BIG_TAU/Getty Images, p.24; AlexLMX/Getty Images, p.25; Steven Puetzer/Getty Images, p.26; FXQuadro/Getty Images, p.27; Kristoffer Tripplaar/ Alamy, p.28; nikkytok/Getty Images, p.29;

Portada: Paper Boat Creative/Getty Images